Copyright © 2021
Short Moments for Kids (*Brevi Momenti per i piccoli*)

Tutti i diritti riservati.

Nessuna parte di questa pubblicazione
può essere riprodotta o distribuita sotto alcuna forma
senza il consenso scritto dell'editore.

Testo © 2021 Ziji Rinpoche
Illustrazioni e copertina © 2021 Celine Wright

Libro n° 3 della serie BeginningMind (*IncominciaLaMente*)
Traduzione Italiana © 2022

Copertina rigida ISBN: 978-1-915175-26-7
Copertina flessibile ISBN: 978-1-915175-25-0
Ebook ISBN: 978-1-915175-39-7

http://shortmomentsforkids.com

Dedicato a... te!

Pratica la mente forte quando hai emozioni tempestose
perché la mente forte è sempre felice, calma
e possiede una potentissima gentilezza d'animo.
La mente forte è sempre disponibile per aiutarti.
La mente forte appartiene a te e nessuno può portartela via!
Appartiene a te!

Sapevamo come chiamare
le parti del corpo quando eravamo neonati?

No! Quando siamo neonati,
non sappiamo nulla.

poi un altro passo,
adesso possiamo camminare tutto il tempo.

Essere grande
è molto speciale
perché puoi imparare
della tua mente.

Quando impari
della tua mente
diventi sempre più felice.

Il modo migliore per saperne di più
sulla tua mente si chiama "meditazione".

Cosa c'è bisogno
di sapere sulla mente?

C'è bisogno di sapere che la mente
è l'unico modo di essere felici.

C'è bisogno di sapere che la mente
è l'unico modo di essere gentili d'animo.

La mente ci dice
che siamo felici.

La mente ci dice
di essere gentili d'animo.

Senza la mente, non sapremmo come essere gentili d'animo.

La mente dice
al tuo corpo
cosa fare.

La mente dice
alla tua parola
cosa dire.

Così, quando mediti, impari

a essere felice tutto il tempo.

Quando impari
a conoscere la mente
attraverso la meditazione,
diventi sempre più felice,
e sei sempre più gentile d'animo.

Quando mediti impari
la felicità, la gentilezza
e la forza!

La forza più grande
è nella mente.
Proprio come il cielo,

felicità e gentilezza
sono dappertutto
nella mente.

Felicità e gentilezza sono come fiori in un prato. Quando mediti, in brevi momenti

ripetuti molte volte, così come i fiori si spandono
in un prato, la tua felicità, la tua gentilezza d'animo
e la tua forza si espandono ovunque.

Arrivederci
alla prossima volta,
per un'altra avventura!

L'autrice Ziji Rinpoche e il suo Maestro Wangdor Rimpoche

Ziji Rinpoche ama insegnare e scrivere, e il suo libro più recente è intitolato "Quando si cavalca uno Tsunami...". Ziji Rinpoche è successore di Lignaggio Dzogchen del Venerabile Wangdor Rimpoche. Ciascuna metafora e istruzione fondamentale prende origine dagli Insegnamenti Dzogchen che vengono tramandati da un Insegnante all'altro, susseguendosi come una catena di montagne d'oro.

Wangdor Rimpoche ha chiesto a Ziji Rinpoche di attuare l'avanzamento dello Dzogchen in seno alla cultura globale contemporanea. Ziji Rinpoche ha stabilito la comunità online di Short Moments per un reciproco supporto nell'acquisire familiarità con la natura della mente. Tramite l'app di Short Moments, chiunque può aver accesso a profondi e potenti insegnamenti Dzogchen.
Scopri di più su http://shortmoments.com

L' illustratrice Celine Wright

Celine ama disegnare, espandere responsabilità e potere nei bambini e raccontare storie. Quando Celine fu introdotta alla natura della mente da Ziji Rinpoche, fu strabiliata dal potere della mente, aperta come il cielo, sempre limpida e saggia a prescindere da che emozioni tempestose ci siano. Ha riconosciuto che le sarebbe piaciuto molto imparare circa la mente quand'era bambina. Fu ispirata a illustrare gli insegnamenti in libri per l'infanzia che introducano la mente forte ai bambini. Abbinando la sua educazione in Belle Arti (BA), Arti dello Spettacolo (MA), Dzogchen (Studentessa di Ziji Rinpoche dal 2007) e come Educatrice dell'Infanzia (*Childminder*), Celine ora insegna Dzogchen per bambini, presenta letture dal vivo presso scuole e festival, e ama illustrare nuovi libri su
http://shortmomentsforkids.com

www.ingramcontent.com/pod-product-compliance
Lightning Source LLC
Chambersburg PA
CBHW041503220426
43661CB00016B/1233